ANALYSE

DU

PLAIDOYER DE M. DUPIN

POUR

M. BAVOUX.

PARIS.

A LA LIBRAIRIE CONSTITUTIONNELLE

DE BAUDOUIN FRÈRES,

RUE DE VAUGIRARD, N° 36.

1819.

ANALYSE

DU

PLAIDOYER DE Mᵉ DUPIN

POUR

M. BAVOUX.

MESSIEURS, dit Mᵉ Dupin, en prenant la parole pour un professeur, un magistrat, un ancien émule devenu mon ami, je n'éprouve qu'un regret, c'est que mes forces ne me permettent pas de le défendre avec toute la chaleur d'ame que sa cause me fait éprouver.

Heureusement cette tâche est déjà presque entièrement remplie. En répondant à M. l'avocat-général, je passerai légèrement sur les fragmens du manuscrit qui ont déjà été réfutés. Je n'insisterai que sur les passages qui ont échappé au milieu de l'abondance des matières soumises à la première discussion.

On s'est plu à vous présenter M. Bavoux comme un magistrat en rébellion obstinée contre les ordres de la justice. Il semble aux partisans de l'obéissance passive, qu'un citoyen ne saurait se défendre sans être aussitôt coupable de révolte. Dès qu'il est accusé, il faut qu'il plie. On lui présente des fers, il doit tendre les mains pour les recevoir; ou bien coller ses bras près de soi, comme ces soldats du nord qui présentent avec tant de docilité leurs joues aux soufflets que l'officier veut bien leur donner.

Mais si toute résistance de fait est interdite, la résistance légale est constamment permise; et la première règle en cette matière, est qu'on n'agit pas d'une manière répréhensible, quand on use du droit public. *Dolo non facit qui jure publico utitur.*

Vous avez remarqué, Messieurs, que M. l'avocat-général s'est bien moins attaché à accuser M. Bavoux qu'à défendre M. le doyen; il semblait que celui-ci fût le véritable accusé. M. Bavoux, dit-on, a méconnu l'autorité du doyen, de son chef.

Il est vrai que M. Bavoux ne dit pas *mon doyen* (1), comme un soldat dit *mon colonel;* mais est-il vrai qu'il se soit révolté contre son doyen? Le doyen n'est pas le supérieur, le chef de ses confrères: cette qualité ne donne que le droit d'administration; elle n'est que temporaire; elle doit alterner entre les professeurs; et c'est par un abus qu'elle réside depuis si long-temps sur la même personne.

D'ailleurs, le doyen n'est pas ici un simple témoin; il est l'adversaire direct et principal de M. Bavoux. Il le sera plus particulièrement encore après le procès jugé, devant la Commission d'instruction publique.

M. l'avocat-général s'est beaucoup étendu sur la question du tumulte; cependant M. Bavoux n'est pas accusé pour ce fait. On ne trouve à cet égard, dans le réquisitoire, que de simples réserves trop évidemment sans objet. Mais, même sur ce point, le résultat de l'instruction est tout-à-fait contraire à M. le doyen. Il est constant, en effet, que M. le doyen a connu d'avance le projet de siffler: projet louable, a dit

---

(1) M. Boulage, en déposant, a dit constamment *mon doyen.*

M. l'avocat-géneral ; mais projet évidemment blâmable, puisque c'était le projet de manquer de respect à son professeur. Or, M. le doyen n'a rien fait pour prévenir l'exécution de ce fâcheux projet.

En second lieu, M. l'avocat-général est convenu que M. le doyen serait dans son tort, si M. Bavoux avait fait ce qu'il devait faire pour ramener l'ordre dans son cours. Mais ne l'ayant pas fait, dit-il, le doyen a dû intervenir. Ces paroles, dit M⁕ Dupin, font la condamnation du doyen; car il résulte des dépositions des témoins, que le calme était rétabli quand M. le doyen est entré dans la salle, et que le trouble n'a recommencé et n'a été porté au comble que par sa présence. Au surplus, cette conduite du doyen sera examinée devant la Commission d'instruction publique; elle fera probablement la matière d'un prochain réglement. On y définira les fonctions des doyens ; on y décidera si leurs collègues sont sous leur dépendance, et peuvent être arbitrairement suspendus par eux, enfin on réglera s'ils peuvent user d'espionnage, s'ils peuvent avoir un *œil-de-bœuf* ouvert sur l'école, et une police domestique où ils fassent entrer jusqu'à leurs cuisinières.

Après avoir essayé de sauver M. le doyen des reproches que lui a adressés M. Bavoux, M. l'Avocat-général a tenté de justifier l'instruction. Il s'est récrié sur les oppositions constamment apportées par M. Bavoux ; il a objecté l'article 87 du Code d'instruction criminelle, qui autorise la perquisition au domicile du prévenu. Mais cet article 87 est sous le paragraphe IV de la section II du chapitre VI. Or le paragraphe III est intitulé *de l'audition des témoins ;* et le paragraphe II, *des plaintes.* Ce n'est donc qu'après une plainte et une instruction préalables qu'on peut en venir à une perquisition ; or, dans notre affaire, on a commencé par-là. M. Bavoux n'avait été l'objet d'aucune plainte précise ; aucune instruction préalable n'avait eu lieu, il n'avait pas même été interrogé ; et cependant on a commencé par faire chez lui une descente de justice, par saisir son manuscrit!

On s'est dit: Recherchons d'abord sa pensée; nous verrons après s'il y a lieu de l'accuser.

Ici M. l'avocat-général est encore revenu sur sa première idée, qu'il n'en fallait pas moins commencer par obéir, sauf ensuite à réclamer. Mais si, en se soumettant ainsi à une procédure illégale, celui qui en est l'objet est tout-à-coup emprisonné et mis au secret; s'il y reste pendant six, huit ou quinze mois; s'il y meurt!... On a pris pour exemple le crime de fausse monnaie, et la nécessité d'agir avec célérité en pareille matière. Eh bien, qu'avons-nous vu récemment dans une affaire de ce genre? Un enfant de 13 ans enlevé subitement à 60 lieues de Paris, sur une place publique, sans qu'il fût permis à ses parens de lui donner du linge ou des souliers, dirigé sur la capitale à coups de plat de sabre, et mis au secret. Il est mort en prison, et, peu de temps après, son innocence et celle de sa famille a été reconnue. (Ici des applaudissemens se font entendre.)

(M. le président invite au silence.

Me Dupin dit qu'il blâme lui-même ces applaudissemens.)

Il continue. « Mais enfin, a dit M. l'avocat-général, si l'on ne se fût point hâté de saisir le manuscrit, où en serait-on réduit aujourd'hui? On équivoquerait sur les discours. » Eh quoi! ces discours n'ont-ils pas été tenus devant mille témoins? Quoi qu'il en soit, on a mis les scellés, on a saisi le manuscrit, on a obtenu ce qu'on désirait. Qu'en résulte-t-il contre M. Bavoux? — Son manuscrit est chargé de ratures; on n'a pas répondu à cette difficulté, dit M. l'avocat-général. — J'y vais répondre en citant le réquisitoire.

Il y est dit: « M. le procureur-général *croit devoir avoir* l'honneur de faire observer à la cour que ces ratures, perdues dans les ténèbres qu'a créées avec tant de travail leur auteur, autour des idées qu'elles ensevelissent, se retrouvent toutes dans des endroits fort *suspects*. » — Suspects ! Ah ! quel mot en matière criminelle !

Mais ce mot fatal, qui a causé la ruine et la mort de tant de victimes, à quoi sert-il ici? absolument à rien ; on va s'en convaincre par le dialogue que M. le procureur-général établit avec lui-même dans l'acte d'accusation.

.... « Le sieur Bavoux, dit le réquisitoire, se laissait-il aller à cet endroit à un relâchement de morale sur des actions répréhensibles? *On n'en sait plus rien, la rature a tout détruit.* »

On n'en sait plus rien, et pourtant on accuse !

« Au recto du folio 5.... Devenait-il en cet endroit trop hardi? *Une rature empêche de le savoir.* »

Elle devait aussi empêcher d'accuser.

« Au recto du bas et au verso du haut du feuillet n° 6, *il il y a une grosse et longue et illisible rature...* Que contenait cette demi-page? *Sûrement* des choses dont l'audace de l'auteur lui-même s'est effrayée.... Mais ce n'est plus qu'une *conjecture*; la rature interpose son voile officieux et *impénétrable*. »

S'il est *impénétrable*, comment former une simple *conjecture?* et si ce n'est en tous cas qu'une simple *conjecture*, pourquoi affirmer que *sûrement*, etc. ?

« Au verso du feuillet 7, l'auteur décrivait avec complaisance ce que l'esprit de parti est convenu d'appeler la *terreur de 1815.....* *Une longue et indéchiffrable rature* se trouve en cet endroit »

Ici M. le procureur-général aurait-il deviné au juste ce qui était sous la rature? M. Bavoux s'en inquiéterait peu. Il prierait M. le procureur-général de se reporter à l'ordonnance libératrice du 5 septembre, et il appellerait tous les souvenirs (hélas ! trop récens) qu'ont laissés après elles « ces lois d'exception, qui (au dire non suspect de M. le comte de Castellane, dans le développement de sa proposition, tendant à la révocation de la loi du 9 novembre) étaient devenues l'objet d'un *dégoût universel.* »

Cessez donc de nous opposer ces *ratures*; elles sont illisibles, elles sont impénétrables : c'est le roc contre lequel vient se briser le flot de l'accusation ; il peut le couvrir de son écume, mais il ne saurait l'ébranler.

Quant au texte même des leçons, M. l'avocat-général vous a dit : « Le manuscrit est là , il vous sera remis ; vous le verrez et vous formerez votre conviction sur l'impression qu'il vous causera. » A cette argumentation, Me Dupin oppose le passage suivant, extrait du plaidoyer de M. le procureur-général Bellart pour mademoiselle de Cicé.

» Le commissaire du gouvernement a pensé dans son résumé qu'il était inutile d'indiquer les phrases qu'on pourrait considérer comme accusatrices. Il a pensé qu'il suffirait de remettre le tout aux jurés, pour que, dans le silence mutuel de l'accusateur et de l'accusé, ils se décidassent seuls sur l'opinion qu'ils doivent prendre de la correspondance.

» Ce magistrat, en exprimant une telle opinion, a sans doute eu pour motif le désir de simplifier une instruction déjà énormément compliquée. Pourquoi me refuserais-je à la consolante pensée qu'un autre motif s'est joint à celui-là? J'ai vu cette correspondance comme lui; j'y ai puisé l'intime conviction qu'elle ne contient rien de répréhensible. Cette conviction, il l'a comme moi. Cette conviction apparemment et l'impuissance de spécifier dans les lettres une seule phrase qui se lie à l'accusation, ont formé le second motif par lequel le commissaire du gouvernement s'est déterminé à ne vous rien dénoncer en particulier dans la correspondance.

» S'il en était autrement, l'accusé se trouverait dans une position très-malheureuse. Une correspondance et une correspondance assez volumineuse est produite. En présence de ces lettres, qu'attend-on d'Adélaïde de Cicé? et que veut-on qu'elle dise? Est-ce elle qui peut trouver des *phrases qu'empoisonnerait le soupçon?* Pour elle il n'y a rien d'obscur ; pour elle il n'y a pas de soupçon, parce que dans les lettres il n'y a rien de criminel. Irait-elle, se traînant sur chaque mot l'un après l'autre, vous expliquer longuement les faits minutieux et indifférens qu'ils expriment plus ou moins, établir sur chaque ligne le système d'une démonstration complète, et rapporter de fastidieuses preuves de toutes les explications qu'elle nous transmettra? Mais cette tâche dégoûtante d'ennui est impossible ; le temps et votre patience n'y suffiraient pas ; ce n'est pas ainsi qu'un accusé peut se défendre sur une correspondance. On l'accuse : qu'on lui dise sur quoi ; on inculpe ses écrits, qu'on lui dise lequel ; on attaque ses paroles, qu'on lui cite celles qui ont besoin d'être défendues. Jusque-là il faut bien qu'il se taise ; car, au milieu de toutes ces lettres, qui sont innocentes, il lui est impossible de deviner quelle est celle que l'erreur pourrait regarder comme coupable. »

Après avoir répondu à ces premières objections, Me Dupin passe à la discussion du fond.

On m'accorde, dit-il, qu'un professeur peut critiquer les lois ; seulement on prétend que cette critique doit être extrêmement modérée, et qu'elle n'admet ni la vigueur de l'expression ni la chaleur du sentiment. Cependant n'est-ce pas une expérience faite qu'on n'obtient rien des gouvernemens qu'en leur présentant avec force les changemens désirés par le peuple. Un homme vint se plaindre à Démosthène de ce qu'il avait été frappé et injurié ; mais il lui raconta son aventure si froidement que Démosthène refusa d'y croire. « Comment, reprit alors le client, je n'ai point été injurié, je n'ai point été frappé? mais voyez donc les contusions et les cicatrices dont je suis couvert ; voyez avec quelle barbarie j'ai été traité, voyez.... » A la bonne heure, dit Démosthène, je commence à vous croire. Les gouvernemens font comme Démosthène : si la plainte est froide ils n'en sont point touchés ; mais si des hommes courageux savent se rendre les organes de l'opinion publique, s'ils expriment avec force ce qu'ils ressentent avec une profonde conviction ; s'ils savent communiquer à leurs discours une éloquence égale à l'énergie de leurs sentimens, ils obtiennent ce qu'ils ont demandé, et ils fournissent aux gouvernemens l'occasion de se faire bénir des peuples, en leur accordant les institutions et les lois que réclament leurs besoins et que leurs vœux appellent.

M. Erskine a travaillé toute sa vie à l'amélioration du jury anglais, et il a obtenu pour récompense de mettre pour légende à ses armes : *Jugement par jurés.*

Sir Samuel Romilly, qui avait long-temps réclamé la réforme des lois criminelles, n'a pu obtenir, avant sa mort, qu'une seule amélioration dans la législation relative aux débiteurs emprisonnés pour dettes.

Sir James Mackintosh poursuit avec autant d'ardeur et plus de succès le plan de sir Samuel ; et, après dix ans de motions dans les deux chambres, l'opinion publique s'est trouvée si bien éclairée, et s'est prononcée si fortement, qu'il a réduit le ministère à nommer une commission pour s'occuper des réformes que réclament les lumières et l'humanité du siècle.

Chez nous, si l'on a obtenu l'abolition du divorce, ce n'est qu'après avoir long-temps dit, proclamé et publié, chacun selon sa conscience et ses opinions, que c'était une loi contraire à la religion et à la morale, et indigne de la police d'un peuple civilisé.

Si l'on a aboli la conscription, c'est que toutes les familles se sont soulevées contre l'abus qu'on en faisait, et parce qu'on n'a pas craint de dire, sous le règne même de celui qui en fit un si cruel usage, qu'il mettait les hommes en coupes réglées.

Nous ne devons notre loi des élections, et nous ne devrons les autres lois que nous attendons, qu'au vœu énergiquement prononcé des citoyens généreux qui se sont rendus les organes de l'opinion, disons plus, de la volonté publique.

Et pourquoi M. Bavoux n'aurait-il pas usé du même droit et espéré le même succès ? Il n'est pas seulement professeur de procédure criminelle ; il n'est pas exclusivement chargé de l'enseignement du Code pénal, comme ses collègues sont chargés de l'enseignement du Code civil et du Code de commerce : il est professeur de *législation criminelle*. C'est assez dire qu'il n'est pas seulement chargé d'enseigner les lois telles qu'elles sont, mais les lois telles qu'elles devraient être ; car qu'est-ce que la législation, sinon l'art de faire les meilleures lois possibles ?

Au surplus, parcourons en détail les reproches adressés par M. Bavoux à nos lois criminelles. Plusieurs de ses critiques sont générales et portent sur l'ensemble de la législation ; les autres sont particulières et s'appliquent à des dispositions de détail.

M. Bavoux reproche au Code pénal d'avoir été moins soigné que le Code civil ; d'avoir été rédigé avec précipitation, et de n'avoir été soumis à aucune discussion nationale et publique. Eh bien, ce sont des faits consignés dans tous les auteurs et que personne ne conteste.

Ce Code, a dit encore M. Bavoux, a été conçu dans l'intérêt du despotisme ; mais M. Pardessus a dit la même chose du Code de commerce ; or, si des lois qui règlent les faillites ont été faites *dans l'intérêt de la conquête*, suivant l'opinion de cet honorable professeur, comment croire qu'il n'en ait pas été, à plus forte raison, de même d'un Code destiné à enchaîner la liberté individuelle ?

Ce qu'a dit M. Bavoux, un noble pair de France l'avait déjà dit avec plus de force encore. M. de Lally, que ses malheurs domestiques autorisent sans doute à réclamer l'amélioration de la législation criminelle, s'exprimait ainsi dans le *Moniteur*, dans cet impitoyable *Moniteur* qui, comme l'arbre de la science, conserve le bien et le mal.

« Ainsi, par exemple, et pour ne pas laisser induire de son discours autre chose que ce qui est contenu dans sa pensée, l'opinant observe que jusqu'à ce jour la chambre avait été loin d'apercevoir *l'inspiration d'une raison supérieure* dans ce Code pénal et dans ce Code d'instruction criminelle, dont personne ne conteste la nécessité provisoire, mais dont la revision est ardemment désirée. Autant on a rendu hommage au Code civil, autant on a dit *anathéme* au Code pénal, ou du moins à plusieurs parties de ce Code, *flétri* à sa naissance de 80 boules noires, et dont l'abrogation, dans une matière importante, doit être le résultat de la dernière loi présentée à la chambre par le gouvernement. »

Ferait-on donc un crime à M. Bavoux d'avoir parlé contre le despotisme impérial ? Peut-être dans six mois on sera traduit aux assises pour avoir dit du mal de Bonaparte. Jusqu'à présent, il nous a été commode d'attaquer le despotisme, en attaquant les actes du gouvernement impérial. Mais déjà ses anciens serviteurs se plaisent à rappeler que cet homme avait *la science du pouvoir;* et comme ils croient l'avoir aussi, au moins par tradition, il arrivera probablement que les ministres qui abuseront de leur pouvoir (et cette présomption est naturelle, car la Charte permettant qu'ils puissent être accusés, a supposé qu'ils pourraient être coupables) prendront pour eux, à l'avenir, les critiques qui seraient adressées aux actes analogues du précédent gouvernement.

M. Bavoux a encore reproché au Code pénal, que les peines en sont mal graduées; que les grands délits y sont presque impunis, tandis que les affaires légères y sont sévèrement réprimées. On relève notamment cette phrase de son manuscrit : « Il semble qu'on ait voulu tout criminaliser pour se donner le hideux plaisir de tout punir. »

Que direz-vous donc, Messieurs, si je vous cite un reproche du même genre adressé en termes beaucoup plus sévères à l'ancienne législation criminelle, par l'avocat-général Servan ? Dans son discours sur la justice criminelle, ce magistrat s'exprimait ainsi :

« Il ne faut pas craindre de l'avouer : nos lois criminelles sont bien éloignées de cette perfection : au lieu de former, par une gradation bien suivie des peines et des délits, une double chaîne dont toutes les parties se correspondent, pour envelopper toute la société politique, elles sont éparses, sans liaison, et laissent entre elles de grands espaces vides où le magistrat peut s'égarer.

« En effet, nos lois n'ont distingué ni les délits ni les peines ; elles n'ont fait aucune division des crimes par leur genre, par leur espèce, par leur objet, par leurs degrés. Quelles différences des crimes par leurs degrés ! que de nuances à marquer, que de délits à distinguer depuis l'irrévérence jusqu'au sacrilége ; depuis le murmure jusqu'à la sédition ; depuis la menace jusqu'au meurtre ; depuis la médisance jusqu'à la diffamation ; *depuis la filouterie jusqu'à l'invasion !*

» Mais avons-nous mieux déterminé les peines que les délits ? Non, sans doute ; et le premier vice entraîne le second. C'est une espèce de maxime que les peines sont arbitraires dans ce royaume ; cette maxime est accablante et honteuse.

» Quelle différence avons-nous mise dans nos supplices ? La mort, toujours la mort, et presque sous la même forme ; cependant quelle distance dans les crimes ! Le plus affreux assassin n'est pas autrement puni que le malheureux que la misère et la faim ont entraîné sur un grand chemin pour arracher par la violence le pain que les hommes refusent de lui donner par charité.

» Partout, et sans distinction, elles prodiguent la peine de mort ; les crimes les plus différens par leur nature, les plus atroces, et quelquefois les plus légers, sont confondus sous le même supplice : on dirait que, dans leur précipitation, elles ont voulu faire un seul faisceau de tous les crimes pour le briser à la fois. La raison s'étonne, et le cœur saigne en parcourant leurs terribles condamnations ».

M. Bavoux a comparé le Code de 1810 avec les Codes de 91 et de l'an 4. Il a bien fait. Le meilleur moyen de perfectionner une législation est de la comparer aux législations voisines. Sous l'ancien régime, on comparait nos coutumes au droit romain, et on n'hésitait pas à donner la préférence à celui-ci. De nos jours, on nous a souvent proposé pour modèle les lois des Anglais : nous leur devons l'institution du jury ; ils nous devront un meilleur système électoral. Nous sommes arrivés à une époque où une bonne institution ne pourra pas s'introduire chez un peuple, qu'elle ne soit revendiquée par tous les peuples voisins ; et tel sera le bienfait des gouvernemens représentatifs, que chaque nation dira à son gouvernement : Tel peuple a une bonne loi, nous voulons l'avoir aussi.

Indépendamment de ces reproches généraux, M. Bavoux a adressé au Code pénal des reproches particuliers. Il a fait des vœux pour l'abolition de la peine de mort ! Qu'y a-t-il en cela de coupable ? C'est une théorie, une idée philanthropique qui honore la raison. Titus, quand on lui présentait une sentence de mort à signer, disait : *Je voudrais ne pas savoir écrire.* Et ce mot l'a conduit à l'immortalité.

Beccaria, dans son excellent Traité des délits et des peines, a consacré un chapitre exprès à examiner s'il ne conviendrait pas d'abolir la peine de mort ; et il est de cet avis.

La fille de Pierre-le-Grand, l'impératrice Élisabeth, a aboli la peine de mort dans ses États. Voyez Voltaire, dans son Histoire de Russie, chap. 6 ; je ne le cite pas comme philosophe, je le cite comme historien.

Servan loue cette belle loi ; il voudrait la voir établie en France. « Et qui sait, dit-il, jusqu'où notre courage peut aller ? Qui sait si nous n'imiterons pas cette auguste souveraine ? Qui sait si l'humanité ne volera pas des extrémités du nord vers nos contrées ? »

Ah ! qu'elle est généreuse cette crainte inspirée aux peuples civilisés, qui leur fait appréhender de se laisser surpasser en humanité par des nations, qu'à l'exemple des Grecs, les Athéniens de l'Europe pourraient appeler barbares.

Cependant, dit le réquisitoire, le professeur avait parlé des émigrés, pour lesquels il trouvait fort bon, *dit-on*, que l'on réservât cette peine.

Eh quoi ! la foi d'un simple témoin, quand il ne dépose que par ouï-dire, n'a aucune force aux yeux de la justice, et il serait permis de fonder une accusation sur des *on dit !* Mais comment croire à cette accusation, lorsqu'on voit que dans son manuscrit, M. Bavoux déplore les exécutions révolutionnaires.

Aurait-il cependant dit que l'émigration en soi n'était pas chose très-louable. Quand l'accusé avoue, l'accusateur s'écrie : *habemus confitentem reum ;* ici, c'est l'accusé qui s'écrie : *habemus confitentem accusatorem.* En effet, Messieurs, voici ce que disait M. Bellard, *alors avocat,* dans son plaidoyer pour mademoiselle de Cicé.

Ici Me Dupin prend le volume, et lit ce qui suit :

« Déjà le gouvernement avait assez annoncé qu'en conservant toute sa sévérité, comme la liberté et nos lois l'ordonnaient, *contre ces émigrés véritablement condamnables, contre ces enfans parricides de la patrie, contre ces* MODERNES CORIOLANS, *qui avaient été de cour en cour* MENDIER DES OUTRAGES ET DES ENNEMIS CONTRE LE PAYS NATAL, il pourrait pourtant user de condescendance envers ceux des bannis qui avaient évidemment cédé à des circonstances orageuses, *qui n'avaient pas déserté volontairement leur poste de citoyen,* qui enfin n'avaient été que les victimes de la violence. »

Je ne fais aucun reproche à M. le procureur-général d'avoir écrit cette phrase; il l'a écrite sans doute du fond du cœur, et avec l'*entraînement* qu'il met à tout ce qu'il fait ; mais quand on a eu de telles opinions et quand on a écrit de telles phrases, on devrait du moins se montrer tolérant envers les autres, et ne pas les accuser si légèrement.

Les journaux (poursuit le réquisitoire), les journaux ont dit que le professeur avait défini la patrie *le sol seul.* Les journaux ! quelle autorité dans un réquisitoire ! Pour en juger, Messieurs, écoutez la manière dont un journal a rendu compte de la séance d'hier.

(M*e* Dupin tient un journal et lit ce qui suit) : « On intro-
» duit le secrétaire de M. Pardessus ; il a entendu M. Bavoux
» blâmer tout le Code pénal ; il s'est élevé surtout contre
» l'article qui punit de mort les auteurs de complots dont le
» but est d'attenter à la vie du roi ou de sa famille.... »

« M*e* Dupin a exigé qu'à chaque déposition on interpellât
» les témoins de déclarer si M. Bavoux avait excité les élèves
» à désobéir aux lois. Les étudians ont déclaré qu'on ne les
» avait pas directement excités à désobéir aux lois. »

Eh bien! s'écrie M*e* Dupin, j'en appelle à tous vos souvenirs ; ces faits ne sont-ils pas de la plus insigne fausseté ?
Quel est ce journal ? Est-il libéral, constitutionnel, minis-
tériel, doctrinaire ? Je n'en sais rien, je ne sais à qui ce
journal appartient. C'est *la Quotidienne*. (On rit.)

J'ai lu dans une histoire du moyen âge : *Roma est ubi
imperator est*. Louis XIV disait souvent : *l'État, c'est moi*.
Mais quand Bayard passa au service du duc de Savoie, son
père lui dit : « Mon fils, quelque prince que vous serviez,
» souvenez-vous que vous êtes Français, et que vous ne
» devez jamais porter les armes contre votre patrie. » Fran-
çois I*er* fut prisonnier en Espagne ; le roi Jean captif en
Angleterre, et personne n'a dit que pendant le cours de leur
captivité la patrie n'était plus en France.

J'arrive à une distinction vivement reprochée à M. Bavoux entre les complots non suivis d'exécution, et les attentats
réalisés sur la personne du souverain. Servan va me fournir
la réponse : « Est-il bien juste, dit-il, que le *dessein* d'un
» meurtre soit puni comme l'*exécution ?* »

Montesquieu, dit M*e* Dupin, grand génie, grand homme,
on ne lui contestera pas ces qualités, mais en tout cas président au parlement (on rit), Montesquieu établit aussi
cette différence (1). C'est en confondant les *pensées* et les

---

(1) *Esprit des Lois*, liv. XII, ch. XI.

actes que Denys fit périr Marcias, parce qu'il avait rêvé qu'il attentait aux jours de ce tyran.

M. Bavoux a établi une différence entre les attentats contre le Roi et les membres de sa famille. « Quelle im-
» mense distance, a-t-il dit, entre le chef suprême de l'État
» et ses collatéraux ou alliés ! Celle qui existe entre le sou-
» verain et le sujet. »

Ici M. Bavoux a le mérite de s'être rencontré avec Bossuet, précepteur du dauphin. Ce prélat disait souvent à son élève : « Monseigneur, entre vous et le roi votre père, il y a toute
» l'épaisseur d'un royaume. »

M. Bavoux a blâmé dans son cours les dispositions du Code pénal qui obligent toute personne à révéler dans les vingt-quatre heures les crimes ou complots contre la sûreté de l'État.

Ici M⁰ Dupin fait remarquer ce que les révélations ont toujours d'odieux en elles-mêmes, surtout quand il s'agit de dénoncer ses parens ou ses amis. Richelieu, dit-il, osa faire un crime au président de Thou de n'avoir pas trahi son ami Cinq-Mars, en révélant un complot tramé contre la vie du cardinal. De Thou fut décapité, et Richelieu en reçut la nouvelle en répondant ironiquement, que « Dieu,
» quand il lui plaît, donne aux juges des lumières qu'il ne
» donne pas aux autres hommes. »

Du temps de la Fronde aussi, des mesures d'exception avaient été prises et des exils prononcés sans condamnation. Un des proscrits avait confié ses papiers à M. de Lamoignon. Le ministre les réclame ; Lamoignon les refuse. On n'eut pas recours aussitôt aux perquisitions et aux scellés ; mais M. Lamoignon fut mandé devant le roi. Il dit à Sa Majesté que c'était un dépôt. Votre Majesté, ajoute-t-il, me refuserait son estime si j'étais capable d'en dire davantage. — Aussi, dit le roi, vous voyez que je ne demande rien de plus. Le secrétaire d'État rentre dans ce moment, et dit au roi : « Sire, je ne doute pas que M. de Lamoignon n'ait rendu compte à Votre Majesté des papiers qui sont entre ses mains. » — Vous me faites-là, dit le roi, une belle proposition d'obliger un homme d'honneur à manquer à sa parole. —Puis se tournant vers M. de Lamoignon : « Monsieur, dit-il, ne vous dépouillez de ces papiers que suivant la loi qui vous a été imposée par le dépôt. » — Les révélations, ajoute M⁰ Dupin, ne sont donc pas une si belle chose !

M. Bavoux s'est récrié sur la violation du secret des lettres. Il a bien fait. Un général athénien refusa de lire celles que le général ennemi adressait à son épouse. De pareils traits honorent les gouvernemens, et ceux-ci gagnent plus par l'estime qui leur en revient, qu'ils ne perdent par la privation d'une découverte souvent indifférente à leurs desseins.

M. Bavoux a blâmé cette violation ; il aurait pu en citer des exemples assez modernes. C'est ainsi qu'en 1816 on intercepta la lettre qu'écrivait à lord Grey le généreux Wilson, que l'Europe a surnommé *l'ami de l'humanité.*

M. Bavoux s'est principalement élevé contre les violations de domicile : il a décrit la terreur qu'elles jetaient au sein des familles ; mais la peinture qu'il en a faite est-elle donc aussi vive que celle qu'en avait tracée long-temps avant lui M. l'avocat-général au parlement de Grenoble, que j'ai déjà cité tant de fois.

« Gardons-nous bien, dit Servan, de confondre avec la vigilance ces dangereuses inquisitions sur les pensées des hommes, ou sur des actions indifférentes par leur nature. Séparons d'elle ces honteuses délations d'une lâche inimitié qui révèle avec malignité des maux qu'elle n'a pas eu le courage de faire. Le magistrat qui veille à l'ordre public doit consentir d'ignorer ce qu'il est inutile ou dangereux de savoir. Il ne doit point pénétrer trop avant dans ces mystères des familles, dont le secret fait la douceur et la paix ;

qu'il ne vienne pas troubler par sa présence des plaisirs inno-
cens quoique secrets, et qui prouvent l'ordre même et
l'union des citoyens. Resserrons bien plutôt ces tendres liens
de la société, au lieu de les altérer par la défiance : que
l'ami soit toujours sûr de son ami, l'époux de son épouse,
le frère de son frère, le père de ses enfans. Ce serait un crime
d'armer la nature contre elle-même ; bientôt de vils
espions remplaceraient les vertueux citoyens ; et vous avi-
liriez les mœurs, pour vouloir trop éclairer les actions. »

Défiez-vous, continue Me Dupin, défiez-vous *de ces
hommes publics toujours agissans, toujours inquiets ;* ce que
d'autres prennent pour vigilance n'annonce qu'une ame
timide et des vues incertaines ; leurs yeux toujours troublés ne
reçoivent aucune image nette de tant d'objets divers qui s'y
confondent ; ils s'agitent comme un enfant qui a perdu la
lumière, *et ils communiquent à la chose publique les ébran-
lemens qu'ils reçoivent de tous côtés.*

Je viens de parcourir tous les reproches qui avaient été
puisés dans les cahiers de M. Bavoux. Que dirai-je mainte-
nant de cette enquête, préparée à si grands frais, et qui,
depuis le premier témoin, M. le doyen, jusqu'aux filles de
service placées à l'œil-de-bœuf pour espionner le cours, n'a
pas offert un seul témoignage qui rentrât dans le système
de l'accusation ?

Et quand on se demande quel est l'homme qui en fut
l'objet ! lorsqu'en interrogeant la vie entière de M. Bavoux,
on voit en lui la réunion de toutes les vertus publiques et
privées, bon époux, bon père, bon ami, incorruptible magistrat ; on ne peut que s'étonner de voir qu'on ait osé lui
susciter un semblable procès !

C'est dans nos cabinets que les plaideurs font retentir l'é-
loge ou la critique de leurs juges. Entendîmes-nous jamais
la plainte la plus légère contre M. Bavoux ? Non, Messieurs ;
c'est un témoignage que je ne crains point de lui rendre en
présence de tout le barreau ; et cette justice que nous lui

rendons comme avocats, vous la lui rendrez comme citoyens et comme jurés.

Il est impossible de se faire une idée de l'effet qu'a produit le discours de M⁰ Dupin. L'admiration est l'hommage constant qu'on prodigue à cet orateur. Jamais les droits sacrés de la défense ne furent déposés dans de plus nobles mains.